El Houari Slimi

Warum liebst du ?!

Herstellung und Verlag:
BoD - Books on Demand, Norderstedt
ISBN 978-3-7412-6750-5

Inhaltsverzeichnis

Vorwort

Bestätigt die Liebe deine Existenz?
7
Welche Dinge rufen die Liebe in dir hervor?
16
Erkennen alle Menschen das Wesen des Schönen und ist es bei allen in gleiches Weise empfunden?
23
Ist die Schönheit vielfältig?
28
Verdirbt die natürliche Liebe?
36
Wo ist das wahrhaftig Schöne?
43
Ist die Liebe versichert?
47
Drückt der Blick die Wahrhaftigkeit einer Idee aus?
51

Vorwort

Die Liebe bestätigt deine Existenz, weil sie in deiner Gemütsbewegung zum Ausdruck kommt. Hat die Wahrnehmung des Schönen/ der Schönheit diese innere Regung verursacht oder eher das Bedürfnis, diesen Liebestrieb zu befriedigen. Die Liebe ist ja in der menschlichen Seele verankert und entspringt seinen instinktiven Trieben und physiologischen Neigungen.
Oder kommt dein Liebesempfinden aus der angeborenen lebenserhaltenden Einstellung. Und wenn alle Menschen das Schöne erkennen, sind sie auch alle über ein gemeinsames Kriterium für seine Bestimmung einig?
Empfinden sie nicht gleiche Gefühle für diejenigen, an deren Schönheit sie gefallen finden?
Oder gehen sie da verschiedene Wege?
Folglich ist die Wahrnehmung des Schönen verschiedenartig, weil die Menschen verschiedene Ansichten darüber haben.

Dies resultiert daraus, dass sie unterschiedlichen Geschmack, vielfältige Kulturen, Bräuche und Erziehungsmethoden haben.
Aber wo steckt das wahre, natürliche, anständige Schöne, das du haben möchtest? Wahrscheinlich kannst du mir keine Antwort geben, solange die Liebe nicht versichert ist. Kann man sie überhaupt mit einer speziellen Kreditkarte gegen Risiken versichern?
Gut möglich, aber nur wenn du die Idee (des Schönen) genau zum Ausdruck bringst, und wenn dein Wunsch (die richtige Frau zu finden) deiner Fähigkeit (sie gut zu behandeln) entspricht. Überdies sollte das Bild der äußeren Schönheit die Wahrhaftigkeit der inneren offenbaren.

Akt 1, bestätigt die Liebe deine Existenz?

Er: „Wo ist die Glückseligkeit?
Verzeihung! Wo ist die Liebe?!"
1: „Du suchst nach mir?!"
Er: „Ja."
2: „Und ich!"
3: „Nein, ich."
4: „Aber ich!"
5: „Ich bin hier."
…...............................
7: „Kehre auf die Bühne zurück und erläutere
mir, was die Liebe ist, wovon du die ganze
Zeit schwärmst . Die Menschen reden seit eh
und je darüber und führen Theaterstücke
auf."
Er: „Die Liebe, bin ich selbst."
7: „Du bist also narzisstisch!"
Er: „Was meinst du damit?"

7: „Kennst du die Geschichte des griechischen Jungen, der sich in sich selbst verliebt hat, bis er ertrank."
Er: „Führt die Liebe zum Ertrinken?"
7: „Er war ein sehr hübscher Junge, er wusste aber nicht von seiner sprichwörtlichen Schönheit, bis er eines Tages zu einem glasklaren Fluss ging, um den Durst von dem frischen Wasser zu löschen. Da wurde er von der auf der Wasseroberfläche tanzenden schönen Gestalt überrascht. Als er sie umarmen wollte fiel er ins Wasser und ertrank."
Er: „Wusste er, dass es sein Spiegelbild war?"
7: „Nein, er wusste es nicht wirklich."
Er: „Deshalb ertrank er also!"
7: „Die Unwissenheit über uns selbst könnte uns zum Verhängnis werden."
Er: „Das ist aber Unwissenheit über die eigene Schönheit nicht über das eigene Ich (über die eigene Seele)."
7: „Die Schönheit ist der Spiegel der Seele."
Er: „Folglich, wenn er Bescheid über sich selbst wusste, hätte er sich nicht in sich selbst

verliebt und er wäre nicht ertrunken."
6: „Verbindest du zwischen der Unwissenheit und der Liebe?"
Er: „So wie ich das Wissen mit der Rettung (dem Gerettet werden) verknüpfe!"
6: „Das Wissen ist ein Gegenteil der Liebe, ist dann die Liebe Gegenteil vom Leben?"
Er: „Lasse mich kurz überlegen!"
6: „Es hat keinen Zweck, über Liebe zu reden, wenn du nicht sofort antwortest."
Er: „Meinst du den Sinn des Hasses?"
6: „Ich kenne kein Gegenteil von dem Hass außer Liebe!"
Er: „Wann beginnt der Mensch zu hassen?"
6: „Wenn der Schmerz über die nicht erwiderte Liebe ihn ergreift, oder wenn er an das Leid, dass man ihm zugefügt hat, denkt."
Er: „Und wann beginnt er zu lieben?"
6: „Wenn Freude ihn beschleicht, wenn er z.B. an das Glück, die Wonne und Lust, die ihm bisher zuteil wurden, zurückdenkt."
Er: „Aber der Mensch kann hassen, ohne dass er Schmerz empfindet, er kann ebenso lieben, bevor er Freude erlebt.

Er bildet sich ein, dass er Schmerz verspürt, und er beginnt zu hassen. Manchmal macht er sich vor, dass er Freude verspürt, und er beginnt zu lieben."
6: „Ist er in solchen Fällen nicht etwa Egoist?"
Er: „Das bedeutet, dass seine Existenz mit Liebe, Hass, Freude und Leid verbunden ist."
6: „Das mag für dich möglich sein!"
Er: „Weil ich Liebe, so existiere ich!"
6: „Folglich lebst du, weil du etwas empfindest."
Er: „Und weil ich denke, so bin ich!"
5: „Hängt die Existenz mit Empfindung und Denken zusammen?"
Er: „Die Liebe ist die Wahrnehmung des Schönen, sie bringt und in Schwung."
5: „Geht nicht auch das Dasein mit dem Denken einher?!"
Er: „Es ist eine Vorstellung, die wiederum Planung für unsere Handlungen ist."
5: „Also wird die Bewegung der Planeten und Himmelskörper durch die Liebe in Gang gehalten!"
Er: „Auch die Erde liebt!"

5: „Hm, wie ist das möglich? Die Erde ist doch keinen Reizen ausgesetzt, sondern zieht rein mechanisch die Dinge zu sich!"
Er: „Sie zieht sie an, was sie liebt."
5: „Kannst du wie die Erde handeln?"
Er: „Ja, in dem ich in Aktion trete."
5: „Ich weiß nicht, was du damit meinst!"
Er: „Das Denken ist eine Art Bewegung. Wenn Sokrates nicht denken konnte, hätte er die Philosophie nicht vom Himmel auf die Erde geholt.
Das Reden ist ebenso, und wenn Descartes nicht reden konnte, hätte er die Dinge und Geschöpfe für nicht existent gehalten. Das Lächeln geschieht auch durch Bewegung, so hatte Mona Lisa den berühmten Leonardo Da Vinci dazu bewegt, die Gioconda zu malen. Wenn Micheal Jackson sich nicht bewegen konnte, hätte er den Pop – Tanz nicht elegant verfeinert."
5: „Das heißt, dass die Bewegung alles beeinflusst: der Denkprozess, der Zungenschlag, die Bewegung der Lippen, der Glieder....."

Er: „Die Erde bewegt sich um sich selbst innerhalb von 24 Stunden, damit sie ihre Existenz betont, und ihren Willen zum Weiterbestehen bekundet. Sie tut das nicht wegen uns, sondern wir werden gegen unseren Willen von ihr angezogen."
4: „Die Materie eines Gegenstandes oder das Bild eines schönen Gemäldes zieht uns an."
Er: „Das schöne Gemälde ist eine starre Materie und ein statisches Bild, wie könnte es uns anziehen?!"
4: „Der Blick hat dieses Bild sozusagen in Bewegung gesetzt, und so wirkt es im Bewusstsein als etwas bewegtes."
Er: „Das hässliche Bild fesselt uns aber nicht, sondern stößt uns ab."
4: „Das Ekelgefühl vor etwas löst in uns eine entgegen gesetzte Bewegung bzw. Rückwärtsbewegung aus."
Er: „Wie die unangenehme Stimme, die in uns Widerwillen hervorruft."
4: „Und umgekehrt. Wenn wir eine schöne Stimme hören, bewegen wir uns nach ihr, damit wir sie hören."

Er: „Die Stimme ist im Allgemeinen eine Bewegung, bei der die Kehle, die Stimmbänder, die Lungen und die Nerven zusammenwirken."
4: „Ist die Liebe auch eine Art Bewegung?"
Er: „Eine Vorwärtsbewegung!"
4: „Eine Anziehungskraft des Liebenden auf den Geliebten und nicht umgekehrt, wie ich über die Erde erwähnt habe."
Er: „Das heißt, wir lieben die Muttererde, deshalb werden wir zu ihr angezogen, weil sie eine magnetische Kraft besitzt, deren Wirkung wir nicht abwehren können."
4: „Genauso ist der schöne Mensch, wir können seinem fesselnden Anblick nicht widerstehen, deshalb bewegen wir uns auf ihn zu."
Er: „Demnach übt die Schönheit Macht auf uns aus! Aber stelle dir mal vor, ich hätte kein Empfindung für das Schöne oder ich will darüber nicht nachdenken, empfindet der schöne Mensch etwas für mich?
Würde ich von ihm trotzdem angezogen?"
4: „Das ist wahr, wie etwa der Magnet:

Er zieht nur Gegenstände zu sich, die Eisen enthalten. Und weil der Mensch aus Erde geschaffen worden ist, unterliegt er ständig ihrer Schwerkraft."

Er: „Es muss aber eine Eigenschaft in den Dingen vorhanden sein, um von Anderen angezogen zu werden, oder einige Gemeinsamkeiten zwischen den sich anziehenden Gegenständen ."

Akt 2, welche Dinge rufen die Liebe in dir hervor?

3: „Sage mir, bist du schön?!"
Er: „Du siehst die Schönheit nur aus einer Perspektive!"
3: „Das, was ich über die Schönheit weiß, ist, dass sie mit Liebe verbunden ist.
Mit anderen Worten: Das ist die Schönheit, die einen Liebe empfinden lässt."
Er: „Warum lieben auch hässliche Menschen sich selbst?!"
3: „Das ist Ansichts- und Überzeugungssache, sie sehen sich selbst als schön und deshalb lieben sie sich"
Der Lehrer: „Dann betrachte mich als schön und liebe mich, wie der Hässliche sich selbst."
3: „Ich soll dich lieben ?"
Der Lehrer: „Ja, wie du dich selbst liebst!"
3: „Aber nicht im gleichen Grad, denn der Unterschied ist groß, sonst wäre ich nicht existent."
Der Lehrer: „Das ist wohl wahr, denn es ist Naturgesetz;

Jedes Geschöpf hat eine Anziehungskraft in sich, welche seine Teile zusammenhält, sonst würde es auseinander fallen und nicht mehr als Einheit existieren!"

2: „Wie das Atom, es existiert als Gebilde nur deshalb, weil die Elektronen und Protonen sich gegenseitig anziehen."

Der Lehrer: „Eben, es besitzt eine Kraft, die daraus resultiert, dass seine ungleichnamigen Teile sich anziehen."

2: „Ist das die richtige Liebe!?"

Der Lehrer: „Wie wir es aus dieser Verbindung verstehen! Wenn man versuchen wird, mit bestimmten Mitteln diesen atomaren Zusammenhalt auseinander zu nehmen, käme es zu einer gewaltigen Explosion!"

2: „Und wo bleibt dabei die Rolle der Schönheit?"

Der Lehrer: „Sie ist nichts anderes, als das Gefüge, welches in jedem Teilchen vorhanden ist."

2: „Ich verstehe nicht, was du damit meinst."

Der Lehrer: „Es ist notwendig, solches zu erkennen, um es verstehen zu können."

1: „Also glaube bloß nicht, dass die Schönheit dabei auf der Strecke bleibt. Etwa im Sinne von: Verschwindet die Liebe, so kommt der Hass. Denn nicht jedes Schöne wird beliebt und nicht jedes Hässliche wird gehasst!"
Der Lehrer: „Das ist wahr, ebenso ist nicht jede Lust nützlich und nicht jedes Übel schädlich."
Der Lehrer: „Manchmal kostet man eine Gemüsesorte und sie schmeckt einem nicht, weil sie relativ bitter ist. Sobald es ihm jedoch klar wird, dass sie für seine Gesundheit gut ist, ändert sich sein Gefühl ihr gegenüber und passt sich ihrem Geschmack an. Dann isst er sie.
Oder umgekehrt: Manch einer von uns isst gern süße Sachen, die seiner Gesundheit schaden können. Und wenn er dies erfährt, gewöhnt er sich daran, allmählich auf diesen Genuss zu verzichten."
1: „Wie denn?"
Der Lehrer: „Der Zucker schmeckt bekanntlich süß, er kann unserer Gesundheit

schaden."
7: „Was noch?"
Der Lehrer: „Bierhefe hat einen bitteren Geschmack, sie ist aber gut für das Herz, weil sie Vitamin B1 enthält. Der Rettich schmeckt scharf, aber ist gut für die schwangere Frau, weil er reich an Eisen ist. Eine Zusammensetzung von Zhinsing und Ingwer mit bestimmten Mengen wirkt aphrodisisch, nur ist sie schwer hinunterzuschlucken."
7: „Und wie soll der Mensch dieses erwähnte Lebensmittel einnehmen?"
Der Lehrer: „Er soll sie mit der passenden Flüssigkeit mischen, damit die gewünschte Wirkung erzielt werden kann. Soviel über das Essen. Was die Heilmittel aber betrifft, so sind, wie jeder weiß, die meisten davon bitter, aber sie heilen. Deshalb nimmt der Kranke sie regelmäßig ein, mit der Hoffnung, dass er wieder gesund wird."
6: „Hm, viele Arzneien werden auch mit Wasser oder einer anderen Flüssigkeit eingenommen!"
Der Lehrer: „Das ganze Leben, im Guten und

üblen Sinne, benötigt eine gewisse
Flüssigkeit."
Alle Frauen: „Wir alle wissen, dass die
schöne Seite des Lebens eine optimale
Dynamik hat. Wie kann aber das Übel auf der
Welt auch solche besitzen?!"
Der Lehrer: „Flüssigkeit bedeutet das
Zurücktreten von dieser Gesellschaft ohne
Bedrängnis und Zusammenstoß, so wie das
Abwasser in die Kanalisation abfließen muss.
Und weil ich aus fester Materie bin, vergrabe
ich mich in der Erde. So werde ich in
Vergessenheit geraten."
1: „Wie?"
Der Lehrer: „Gib mir etwas zum Graben und
zeige mir eine Stelle, wo ich leichter ein Grab
ausheben kann. Ich will aus dieser Welt
verschwinden, die nur auf den Schein schaut.
Ich bin des Ganzen überdrüssig: diese
Zeichen, diese Bilder, diese Farben, diese
Lichter, diese neutralen Nummern!"
1: „Warum?"
Der Lehrer: „Weil der Haarausfall, die
Kurzsichtigkeit und meine kleine Größe

mich entmutigen! Mein magerer Körper und all das bereiten mir Sorgen."
1: „Der Mensch ist doch aus Fleisch, Fett und Blut, sie bilden seine Gestalt, warum bist du also traurig?"
Der Lehrer: „Und er hat ein Herz, mit dem er fühlt und einen Verstand, mit dem er denkt."
1: „Das ist wohl wahr, in diesem Sinne, sagte einer der großen arabischen Dichter:
Die Zunge, ist die eine Hälfte des Menschen und die andere ist sein Verstand. Der Rest ist dann nur eine Gestalt aus Fleisch und Blut."
Der Lehrer: „Trotzdem werde ich meine Gestalt zu Grabe tragen und dir den Rest in meinem Buch vermachen, und wenn du willst, so kannst du es auch in deine Handtasche stecken oder im hinteren Regal verstauen."
1: „Halt, mach das nicht, überlasse der Zeit, die auszurichten."
Der Lehrer: „Jetzt begrabe ich mich."
1: „Warum?"
Der Lehrer: „Weil keiner mich liebt."

Akt 3, erkennen alle Menschen das Wesen des Schönen und wird es bei allen in gleicher Weise empfunden?

1.: „Hör mal! Versuch an diejenigen, die nicht vom Glück begünstigt sind, zu denken. Wenn du dich aber unbedingt umbringen willst, so antworte vorher auf meine Frage."
Der Lehrer: „Welche Frage?"
1.: Begreift etwa der schöne Mensch, wenn er verrückt ist, den Sinn der Schönheit oder verspürt er ihn?"
Der Lehrer: „Nein, weil er dessen nicht bewusst ist!"
1.: Und wenn er sich etwas über die Schönheit vorstellen kann, behält er es auch im Gedächtnis?"
Der Lehrer: „Keineswegs, weil sein Gedächtnisvermögen nicht stabil ist."
1.: „Warum willst du dich denn begraben, bist du etwa verrückt?"
Der Lehrer: „Wenn es so wäre, hätte ich deine Reize nicht wahrgenommen."
1.: „Hat die Schönheit eine Wirkung auf

einen Blinden?"
Der Lehrer: „Nein."
1.: „Welche Art der Schönheit erkennt er und wie?"
Der Lehrer „Er nimmt die Anmut der Bewegung mit dem Gehör und Gefühl wahr, ebenso mit dem Tastsinn."
1.: „Riecht er den Duft der Schönheit?"
Der Lehrer: „Mit dem, was er an Gefühlsvermögen besitzt. Wie ein Hund, den man so abgerichtet hat, dass er einige Farben mit der Nase voneinander unterscheiden kann. Oder wie der Bär, der seine Beute von weitem wittern kann."
1.: „Warum willst du dich denn begraben, bist du etwa blind?"
Der Lehrer: „Wenn ich blind wäre, hätte ich die herrlichen Farben deiner Reize nicht wahrgenommen."
1.: „Fesseln die Symphonien von Beethoven, dies Sinne eines gehörlosen Menschen/Gehörlosen?"
Der Lehrer: „Er hört sie doch nicht!"
1.: „Welchen Klang erkennt er denn,

oder wie erkennt er überhaupt die Klänge eines Musikstückes?"
Der Lehrer: „Er erkennt sie mit seinen Augen, wie die Bilder."
1.: „ Haben die Bilder auch Klänge?"
Der Lehrer: „In ihrer Form und Art."
1.: „Tanzt er nach diesen Klängen?"
Der Lehrer: „Ja, indem er seine Lider bewegt und seine Blicke auf die Spieler/Musikquelle richtet."
1.: „Warum also willst du dich begraben, du bist doch nicht taub?"
Der Lehrer: „Wenn ich taub wäre, hätte ich den Klang deiner Stimme nicht gehört."
1.: „Wirkt der stumme Mensch auf die Anderen mit seiner Stummheit?"
Der Lehrer: „Wie der Tänzer auf der Bühne oder Mister Bean im Fernseher auf die Zuschauer wirken."
1.: „Warum willst du dich also ins Grab legen, du bist doch nicht stumm?"
Der Lehrer: „Wenn ich stumm wäre, wäre ich doch nicht imstande, die Züge deiner reizvollen Gestalt zu beschreiben!"

1.: „Liebst du mich?"
Der Lehrer: „Wie ich das Leben nach dem Tod liebe."
1.: „Stell dir mal vor, du wärst blind, taub und stumm, wie würdest du den Sinn des Schönen wahrnehmen?"
Der Lehrer: „Mit meiner Existenz."
1.: „Und wenn es dich gar nicht gäbe, wie würdest du es erkennen?"
Der Lehrer: „Wenn es so wäre, wäre ich nicht geboren und zu dir gekommen."
1.: „Warum bist du denn geboren, wenn du dich in die Erde bringen willst?"
Der Lehrer: „Jetzt will ich ins Bad gehen!"

Akt 4, ist die Schönheit vielfältig?

6.: „Sei nicht wie der Knabe, den die Suche nach einem Mädchen erschöpft hat, deren gewünschte Eigenschaften kaum eine Frau auf Erden hat."
Der Lehrer: „Sie existiert doch, obwohl sie diese Eigenschaften besitzt!"
6.: „Kannst du mir die Frau beschreiben, welche du heiraten möchtest?
Denn ich kann mir die Frau nicht vorstellen, die deinem Geschmack entspricht und mit deinem Charakter übereinstimmt."
Der Lehrer: „Sie soll nicht größer als ich sein, dass ich meinen Kopf nach ihr ausstrecken muss und nicht kleiner, dass ich meinen Hals nach ihr neigen muss:"
6.: „Was noch?"
Der Lehrer: „Ich träume weder von einer Dicken noch von einer Hageren. Wenn sie vor mir stehen, versperrt mir die Erstere die Sicht der Dinge und die Andere wirkt wie eine verhüllte Stange."
6.: „Was noch?"

Der Lehrer: „Ich möchte keine entzückende Frau haben, die die Blicke der Männer auf sich zieht, sodass es mir Probleme schafft. Ich möchte aber auch keine Hässliche, deren Anblick mich mit Abscheu erfüllt."
6.: „Sonst noch etwas?"
Der Lehrer: „Ich möchte keine Wissenschaftlerin oder Philosophin, die mir meine Lebensauffassung vernebelt und keine Ignorantin, welche mich nicht versteht."
6.: „Noch andere Vorstellungen von deiner gesuchten Frau?"
Der Lehrer: „Ja."
6.: „Welche?"
Der Lehrer: „Ich möchte auch keine reiche Frau heiraten, die mir dauerhaft Vorhaltungen macht, wenn sie mir etwas schenkt. Auch bin ich davon entfernt, mich mit einer Armen zu vermählen, deren ständige Einkaufswünsche ich nicht erfüllen kann. Zumal ich manchmal keine Lust habe, auf den Markt zu gehen."
6.: „Nach einer solchen Frau sollst du außerhalb der Erdkugel suchen. Cristopher Columbus, hatte auf dem Erdglobus nach

einem Kontinent gesucht und er fand ihn, du aber hast nicht einmal eine Flasche gefunden. Nebenbei gefragt, warum ausgerechnet Flasche?"
Der Lehrer: „Weil sie das Wasser in sich hält/aufbewahrt, welches durch das Glas sichtbar wird."
6.: „Warum erwähnst du das Wasser und keine andere Flüssigkeit?"
Der Lehrer: „Weil das Wasser, der Ursprung des Lebens ist."
6.: „Warum verbindest du es mit der Flasche?"
Der Lehrer: „Das Wasser kann man nicht binden, wenn es gefriert, zerbricht die Flasche, aber es bleibt unverändert."
6.: „Folglich geht es nicht verloren, ganz gleich wo es sich befindet.
Verdirbt es auch nicht?"
Der Lehrer: „Nein, selbst wenn man es mit einer anderen Flüssigkeit vermengt, weil es überall hinein- und heraus sickert."
6.: „Weil es aus Sauer- und Wasserstoff besteht. Das erste Element ist bekannterweise

das Lebenselixier, es existiert nur auf der Erde."

6.: „Aber wie ist das Verhältnis zwischen den beiden Elementen?"

Der Lehrer: „Wie die Beziehung zwischen dem Guten und Bösen."

6.: „Ich verstehe nicht ganz."

Der Lehrer: „Ohne Wasserstoff entsteht kein Wasser."

6.: „Wie?"

Der Lehrer: „Zwei Wasserstoffatome ziehen ein Sauerstoffatom an und so bildet sich ein Wassermolekül. Ungefähr wie ein Sack, Mehl oder eine Flasche, Flüssigkeit aufbewahrt/in sich hält."

6.: „Richtig. Ich nehme nicht das feste Material (die Flasche) zu mir, sondern trinke die Flüssigkeit (Wasser)."

Der Lehrer: „Folglich. Du passt auf die Flache auf, damit das Wasser nicht verloren geht."

6.: „Warum so ein Gleichnis?"

Der Lehrer: „Weil die Liebe nicht von der gleichen Art ist, wie deren Spender. So wie die Verschiedenartigkeit zwischen Wasser

und Flasche."
6.: „Wer besitzt denn die Liebe?"
Der Lehrer: „Nicht der Liebende."
6.: „Und wer besitzt das Wasser?"
Der Lehrer: „Nicht die Flasche."
6.: „Was ist denn die Rolle des Liebenden?"
Der Lehrer: „Sie liegt darin, dass er auf die Flasche aufpasst, weil es das Wasser braucht, um seinen Durst zu löschen."
6.: „Wie geschieht das?"
Der Lehrer: „Indem er sich nicht mit ihrer Form, ihrem Volumen, ihrer Farbe, ihrem Material und ihrem Preis beschäftigt."
6.: „Wenn ich das nicht tue, würde sie zerbrechen!"
Der Lehrer: „Ich meine damit, dass die Flasche dich vom Wasser nicht ablenken soll."
6.: „Das heißt, sie soll durchsichtig sein."
Der Lehrer: „ Genau, wie die Wahrheit."
6.: „Ich kenne die Wahrheit nur in der Philosophie. Gibt es sie auch in der Wirklichkeit?"
Der Lehrer: „Zwischen dem Wasser und der Flasche."

6.: „Solange das Wasser flüssig ist, bewahrt die Flasche ihre Form (Existenz). Was passiert dann, wenn es in den festen Aggregatzustand über geht?"
Der Lehrer: „Selbstverständlich zerbricht die Flasche und verliert so ihre schöne Gestalt."
6.: „Also garantiert die Wasserbewegung den Gang der Dinge."
Der Lehrer: „Und sein gefrieren entstellt das schöne Gesicht des Lebens/ der Welt."
6.: „Was ist das irdische Leben/Diesseits?"
Der Lehrer: „Das ist das unbewegte Abbild des Lebens "
6.: „Und was ist Leben?"
Der Lehrer: „Das ist die Bewegung des Abbildes."
6.: „Das ist die Liebe!"
Der Lehrer: „Deiner Lebenseinstellung entsprechend."

Akt 5, verdirbt die natürliche Liebe?

- Ich habe unter einem Apfelbaum eine Blume gefunden, welche eine Rose umarmt und eine Rose, welche eine Blume umarmt. Sie haben sich umeinander geschlungen.
- Wie hast du das erkannt?
- Mit dem Bienenhonig.
- Wie kam das zustande?
- Ich glaube, dass es der Wind war.
- Und was hast du gemacht?
- Ich habe an den beiden gerochen, es war ein herrlicher, zusammengesetzter Duft, der mein Herz und meinen Verstand zugleich ermunterte.
- Wie?
- Mit steigendem Puls und einer Flut guter Gedanken.
- Wie hast du das festgestellt?
- Meine Wahrnehmung der Dinge wurde stärker und meine Denkaktivität ebenfalls.
- Erläutere dies mehr!
- Als ich mein Ohr auf das Kissen gelegt habe, habe ich es bereut, die innige Verbindung

zwischen den beiden Lebewesen (Blume und Rose) beendet zu haben. Dieser Abschied tat mir weh in der Seele. Die beiden harmonierten vorher doch gut miteinander! Es wurde mir dann klar, dass es der Mensch ist, der Schaden anrichtet und nicht der Wind, beziehungsweise die Naturkräfte. Ich dachte an die Situation der Verliebten und fragte mich: Warum mischen sich andere Menschen ein und zerstören ihre gute Beziehung und verderben ihnen ihr glückliches Zusammensein?
- Fürwahr, ist deine Wahrnehmung intensiver und dein Verstand reifer geworden. Und was hast du dann gemacht?
- Ich bin am darauf folgenden Tag in aller Frühe dorthin gegangen und fand an der Stelle der beiden jungen Menschen jeweils eine Wasserquelle, welche sich vermischt hatten.
- Wie konntest du zwischen den zwei Quellen unterscheiden?
- Ich konnte nur den Unterschied machen, wenn ich nicht am vorherigen Tag dagewesen war. Und ich sagte mir: Das Wasser ist

das selbe und die Pflanzen sind verschiedener
Farbe, warum floss die eine Quelle in die
Andere ein. Während ich darüber nachdachte,
kam ein älterer Mann an mir vorbei. Er fragte
mich, worüber ich nachgrüble. Ich erwiderte:
Über das Wasser, das den beiden Quellen
entspringt und wie eine gemeinsame Träne
aus zwei unterschiedlichen Augen fließt.
- Hör zu, mein Sohn, an der Stelle der Blume
ist ein Knabe und an der Stelle der Rose ein
Mädchen begraben.
- Was ist geschehen?
- Sie haben sich sehr ineinander verliebt, aber
ihre beiden Familien wollten dies (gemäß
dem herrschenden Brauchtum) unbedingt
verhindern. Sie haben abermals versucht, sie
zu trennen.
Doch haben der junge Mann und die junge
Frau diese Tradition längst gebrochen. Von
ihren Verwandten wurden sie ungerechter
Weise getötet und nebeneinander begraben.
- Kaum hatte der Greis seine Worte beendet,
da flossen zwei Tränen aus meinen Augen:
die eine rollte aus dem rechten Auge auf

die Stelle der Rose herab und vermengte sich
mit deren Quelle und die andere kam aus dem
linken Auge, fiel auf die Blume und
vermischte sich mit deren Quelle.
- Dies hat dich sicherlich gerührt?
- Ja. Ich sagte mir: ihr rotes Wasser hat sich in
ein farbloses verwandelt.
- Was meinst du mit dem roten Wasser?!
- Das Blut, weil die beiden Verliebten getötet
wurden.
- Und warum hat es sich in farbloses Wasser
verwandelt?
- Das Lebenswasser, weil die wahre Liebe
nicht verloren geht.
- Die innige Liebe, welche die beiden jungen
Menschen verband, hat die engstirnige
Einstellung ihres Stammes herausgefordert
und endlich besiegt.
- Ja, sie fordert sogar alle zeitlichen und
räumlichen Grenzen heraus, so dass sie am
Ende sowohl im Denken als auch im Gefühl
alle Ketten sprengt, die man ihr anzulegen
versucht.
- Stelle dir mal vor, die Beiden würden im

Computer-Zeitalter leben, wäre es doch ausreichend für sie, zunächst einmal über das Facebook oder Ähnliches zu kommunizieren. Sie würden folglich ihre Beziehung pflegen, auch wenn sie weit voneinander sind!
- Ich glaube nicht, wie man ja sagt: aus den Augen, aus dem Sinn.
- Sie sehen sich auf dem Bildschirm und sprechen miteinander über den Äther.
- Sie sind doch keine Fische, auf dass sie sich über den Strom verlieben könnten!
- Ich verstehe dich nicht mehr, warum also liebst du wie sie?

Akt 6, wo ist das wahrhaftig Schöne?

Der Lehrer: „Wenn ein schöner Mensch krank ist, strahlt er weniger als im gesunden Zustand, ist das wahr?"
- „Ja, aber es bleibt die Wirkung des Schönen auf uns, wie der Duft des Rosenparfüms von der Ferne her."
Der Lehrer: „Und wenn er älter wird, verblasst seine Schönheit und seine Ausstrahlung und trocknet seine Haut, wie die Rose, wenn sie sich entfaltet hat, Duft verbreitet, aber schon nach einigen Tagen verwelkt sie. Das stimmt doch?"
- „Bestimmt. Und wenn er beredsam ist, eine wortgewandte Ausdrucksweise hat, einen guten Ruf genießt, liebenswürdig und unternehmungslustig ist/voller Tatendrang ist, wird er geliebt trotz seines wenig schönen Aussehens?"
Der Lehrer: „Ja, weil er den Anderen imponiert: mit seinem freundlichen Lächeln, seiner Zuvorkommenheit, Großherzigkeit, Geduld und seiner geistlichen Art. Kann man

ihn deshalb als schön bezeichnen?!"
- „Ich denke ein bisschen nach!"
Der Lehrer: „Und umgekehrt. Die schöne elegant angezogene Frau mit reizvollen Zügen lenkt ja die Blicke auf sich. Aber wenn sie in Rage geriete, verlöre sie an Ausstrahlung, weil ihre sonst feinen Gesichtszüge sich dann verziehen, ihre schöne Haut erschlafft und ihre Gesichtsfarbe blass wird. Die Veränderung ihrer bisher ruhigen Erscheinung zu jähzornigen Ausbrüchen spannt ihre Muskeln an und lässt ihre Glieder zittern, so dass man ihre Nähe vermeidet. Oder etwa nicht?"
- „Das ist für manche wahr. Es gibt Menschen die haben es selbst mit ihren Frauen erlebt. Und es hat sich negativ auf deren Gemüt und sexuellen Leben ausgewirkt, sodass sie selten Lust haben, mit ihr zu schlafen. In Folge dessen ist deren Manneskraft/Potenz sogar gesunken."
Der Lehrer: „Stell dir mal vor, dass du einen schönen, großen, schlanken, muskulösen Mann liebst, der sich auch elegant und

geschmackvoll anzieht. Er wäre aber verrückt, würdest du an ihm Gefallen finden und dich an seinem Körper ergötzen, so wie du dich über einen einfachen aber vernünftigen Menschen freust?"
- „Nur mechanisch."
Der Lehrer: „Wie ein Roboter oder ein Zombie."
- „Richtig, aber warum?"
- „Verfügt der Geist/die Seele etwa nicht über schöne Eigenschaften, wie der Körper?"
- „Gewiss."
- „Es sind die Fähigkeiten, die sich im Denken, Fühlen und Empfinden ausdrücken und nicht in der Gestalt und in den Haaren!"
- „Es scheint, dass du zu philosophieren beginnst, wie Descartes oder Kant, oder fängst du an zu dichten, wie Goethe, Hugo oder Shakespeare!"

Akt 7, ist die Liebe versichert?!

1.: „Es gibt eine Menge Versicherungen auf dieser Welt, besonders in den fortgeschrittenen Ländern!"

2.: „Wir vermissen aber solche, die den Menschen vor dem Psychoterror und der sentimentalen Gefahr schützen."

1.: „Was meinst du damit?"

2.: „Ist der Mensch seelisch und psychisch überhaupt sicher (gegen jegliche Art von Schäden versichert)?!"

1.: „Der Mensch erkennt den Wert seines Lebens um so mehr, wenn seine Existenz bedroht wird. Und er wird sich der Bedeutung seiner Gesundheit um so mehr bewusst, wenn er krank wird. Auch verspürt er die Freude an der Liebe umso heftiger, wenn jemand ihm dieses Glück vermasseln will."

2.: „Folglich hängt der Wert deines Lebens mit der Sicherheit deines Daseins und deines Wohlbefindens von der körperlichen Unversehrtheit zusammen, während deine

Liebesfreude davon abhängt, dass andere sie dir nicht verderben."

1.: „Ja, deshalb bleibt das menschliche sentimentale Leben stets bedroht."

2.: „Wie kannst du diese Freude bewahren, wenn sie von den anderen abhängt?"

1.: „Beachte die anderen nicht."

2.: „Ich will meine Frau, meine Kinder, meine Verwandten und Freunde nicht vermissen."

1.: „Habe ich dir nicht gesagt, du sollst an die anderen nicht denken, da du ihre Abwesenheit nicht verkraften kannst."

2.: „Unmöglich. Das Leben ohne sie ist unerträglich und zu anderen habe ich keine Gefühle übrig."

1.: „Deine Liebesfreude ist also von deiner seelischen Verfassung abhängig. Du bist eines fremden Menschen nicht gewahr, es sei denn, sie sind deine Blutsverwandten."

2.: „Was soll ich denn tun?"

1.: „Hänge dich nicht an sie!"

2.: Wie?"

1.: „Liebe sie nicht mehr als nötig, damit du

dein Sentimentales Dasein nicht verlierst. Du bist ja nicht psychisch (gegen Enttäuschungen) versichert."
2.: „Erläutere das noch?"
1.: „Dieses ist nicht stabil."
2.: „Ich habe nicht ganz verstanden."
1.: „Hast du nicht über die Geschichte, die Politik, das Gesetz, die Gesellschaft, die Regenten und die Naturkatastrophen gelesen?"
2.: „Ich bin auch nicht stabil, weil ich wie sie für diese (üblen) Ereignisse und Vorfälle anfällig bin."
1.: „Richtig, deshalb liebst du nicht einmal dich selbst."
2.: „Willst du, dass ich alles hassen soll?"
1.: „Nein, (um Gottes willen) ich will nur, dass du auch die üble Seite des Lebens akzeptierst: die unangenehme Wetterlage und die schlechten Ereignisse. Auf diese Weise kannst du die Liebe in guten und schlechten Zeiten genießen!"
2.: „Ich wundere mich darüber, dass die Menschen, die aus der Sahara (den warmen

Ländern) stammen, in den verschneiten
Ländern nicht leben können und umgekehrt."
1.: „Jeder hat sich dem Klima der Gegend
angepasst, in der er seit langem lebt. Im
Laufe der Jahre gewöhnt man sich daran."
2.: „Können wir es nicht beeinflussen, dass
Käfer und Bienen dauerhaft in enger
Symbiose leben?"
1.: „Unmöglich, weil sie bekanntlich nicht zu
der gleichen Art gehören."
2.: „Dementsprechend kann ich nicht im
Meer leben, solange ich kein Fisch bin.
Ebenso kann ich nicht in der Luft fliegen,
weil ich kein Vogel bin. Auch vermag ich es
nicht, im Wald zu leben, weil ich kein
Wildtier bin."

Akt 8, drückt der Blick die Wahrhaftigkeit einer Idee aus?

- „Stell dir vor, wir wären Affen, wie könnten wir die Schönheit messen?"
- „Mit der Affensicht."
- „Wie?"
- „Liebt der Affe, wie der Mensch?"
- „Frag Darwin!"
- „Darwin hat nicht über die Liebe der Affen, aber über die Affenentwicklung gesprochen und über den Vergleich zum Menschen."
- „Erklär mir noch mehr."
- „Sein Buch: „Der Ausdruck der Gemütsbewegungen bei dem Menschen und den Tieren" sagte, dass der Mensch aus dem Affen entstanden sei und wie du geworden ist."
- „Empfinden sie auch Lust, wie Menschen?"
- „Sie haben Lust auf alles, was ihren Artenerhalt sichert, sprich Essen, Trinken und die Fortpflanzung."
- „War Liebe anfangs eine statische Lust, die sich dann entwickelt hat?"

- „Die Lust hat eine solide Verbindung mit den physiologischen Bedürfnissen des Menschen, die seinen Lebenserhalt zum Ausdruck bringen. Ihr nachzukommen, garantiert dein Leben und sichert deine Existenz."
- „Kannst du die Entwicklung der tierischen Liebe mit der der menschlichen vergleichen?"
- „Warum?"
- „Damit ich die Entwicklung der Schönheit in den beiden Lebewesen verstehen kann, weil die Schönheit ohne Liebe keinen Wert hat."
- „Ich weiß, dass die Liebe ein sich entwickelndes und gehobenes Gefühl ist."
- „Wie kann ich das verstehen?"
- „Indem du dieses Gefühl zum Ausdruck bringst."
- „Wie drückst du dich darüber aus?"
- „Mit der Poesie."
- „Folglich ist die Poesie eine sich entwickelnde und gehobene Ausdrucksweise."

-„Jawohl, hast du nicht den Spruch von Platon gehört: Der Mensch kann zum Dichter werden, wenn er von der Liebe erfasst wird."
- „Jetzt habe ich verstanden, dass der Mensch ein liebendes, sprechendes Lebewesen ist."
- „Also ist die Liebe wie das Denken eine menschliche Eigenschaft und keine tierische,"
- „Aber wie kannst du mir den Sinn des Schönen erklären und wo ist sein Geheimnis?"
- „Bist du davon überzeugt, dass die Musik den Menschen fasziniert?"
- „Ja, während er sie hört, wird er in ihren Bann gezogen."
- „Und wie geschieht das?"
- „Die musikalischen Klänge werden als Schallwellen von den Ohren wahrgenommen und dort in nervale Reize umgewandelt. Diese werden zum Gehirn weitergeleitet und dort in einen Höreindruck umgewandelt. Da diese Töne keine Missklänge sind, sondern harmonisch und rhythmisch in eine Melodie angeordnet, wird die Seele betört, die sich daraufhin in wortloser Weise freut."